DES ABUS

DE

LA CENTRALISATION

ET

DES MOYENS DE LES RÉFORMER.

DES ABUS

DE

LA CENTRALISATION

ET

DES MOYENS DE LES RÉFORMER,

Par Auguste BOURGUIGNAT,

Avocat au conseil d'Etat et à la cour de cassation.

TROYES,

ANNER-ANDRÉ, LIBRAIRE-ÉDITEUR,

PLACE DE L'HOTEL-DE-VILLE, 5 ET 7.

1849.

Troyes, imprimerie ANNER-ANDRÉ.

INTRODUCTION.

Ceci ne fut d'abord qu'une série d'articles qui parurent, en janvier 1849, dans LA PAIX, *journal de l'Aube, de l'Yonne et de la Haute-Marne*, et que reproduisirent plusieurs feuilles de départements, entre autres celle de Reims, l'*Indicateur de la Champagne*. En publiant cette étude, j'avais eu pour but d'attirer l'attention de mes concitoyens du département de l'Aube sur la plus grave de toutes les questions politiques qui, en ce moment, se trouvent à l'ordre du jour : celle des libertés locales. C'est ce motif encore qui aujourd'hui m'engage à réunir, sous cette couverture, tous ces articles disséminés. Bien qu'il y ait là la matière de tout un livre, je me suis efforcé de restreindre ce sujet et de n'en présenter que les arrêtes vives et les côtés saillants. En ces jours de révolution, le temps et le courage manquent pour écrire ou pour lire une œuvre de longue haleine. Aujourd'hui, écrivains et lecteurs, nous vivons vite ; comme les faits, les paroles et les idées doivent se presser.

Si, dans le cours de cette étude, le lecteur rencontre quelques esquisses d'organisation administrative, qu'il ne croie point que j'aie eu la prétention d'y émettre des opinions personnelles et des idées qui n'auraient point encore été exprimées. D'où viendront-elles? — De ça et de là. Qui le premier les a émises? — Le plus souvent, je ne saurais le dire; il suffit qu'elles soient. Sont-elles les seules, les meilleures, les définitives? — Non certes; mais cherchons, examinons, discutons : le but vaut les efforts qu'on fera pour l'atteindre. Du choc des opinions jaillira la lumière : ce jour-là, nos libertés locales se trouveront organisées.

DES ABUS

DE

LA CENTRALISATION

ET

DES MOYENS DE LES RÉFORMER.

CHAPITRE Ier.

POINT DE DÉPART. — *Atteintes portées à la famille, à la commune, à l'Etat.*

Que notre société française comprenne dans son sein, placés à différentes hauteurs, la famille, la commune, le pays; qu'elle soit le tout composé de ces trois éléments réunis, c'est une proposition, certes, qui se présente avec tous les caractères de l'évidence.

Eh bien, entre tous les faits *actuels* qui intéressent la famille et son harmonie intime, la commune et son administration, le pays et la stabilité de ses institutions, en voici TROIS qui soudain s'offrent à notre vue.

Et d'abord il s'agit du père de famille.

Qu'il soit juif, protestant, catholique, peu nous importe ; il nous suffit de constater qu'il est attaché par une conviction que l'expérience des choses et des hommes a fortifiée, à certaines idées, à certains dogmes qu'il croit vrais, justes et d'une haute moralité. Il *veut* donc que ces croyances et ces dogmes servent spécialement de base à l'éducation qu'il fera donner à ceux qui se trouvent placés sous son doux et légitime empire, et tel est son droit.

Sans doute sauvegardons la suprématie de l'État, pourvoyons aux nécessités de l'ordre public ; mais aussi respectons la volonté paternelle ! S'il est au monde un pouvoir primordial, c'est celui du père de famille. Il est souverain ; la nature l'a sacré.

Or, en fait, ce respect existe-t-il ? Et, dans l'état de choses actuel, l'autorité du chef de la famille, son initiative peuvent-elles s'exercer librement dans une sage et juste mesure ? — Nullement.

Jusqu'à ce jour, aux yeux de l'Etat, l'éducation, l'instruction n'ont eu de valeur, n'ont constitué des titres pour celui qui les a reçues qu'autant qu'elles émanaient du *corps* CENTRAL auquel, par cela même, se trouve dévolu le monopole de l'enseignement.

Or, l'enseignement officiel, l'Etat le déclare hautement, n'est et ne peut être ni juif, ni protestant, ni catholique. Dès qu'il s'agit de croyances et de dogmes, l'Université se proclame incompétente. Il s'ensuit que l'enseignement qu'elle donne, et que l'enfant subit, n'est par cela même qu'une abstraction purement philosophique, placée en dehors des dogmes spéciaux aux révélations israélites et chrétiennes.

Ainsi, sous ce premier rapport déjà, atteinte portée aux droits de la famille et à l'autorité de son chef.

Passons à la commune.

Une nuit d'orage, la tempête a écorné la toiture de la maison d'école, ébranlé le vieux clocher. C'est, du moins vous le pensez, quelques journées de travail, quelques centaines de francs qu'il va en coûter.

Détrompez-vous et prenez patience !

Le dégât arrivé, le maire s'adresse au préfet, l'informe de la circonstance, lui demande l'autorisation d'assembler le conseil municipal en séance extraordinaire pour en délibérer et y pourvoir. Quinze jours, trois semaines, bien entendu, se passent sans réponse. Enfin le préfet donne signe de vie et autorise la convocation du conseil. Les représentants de la commune s'assemblent et délibèrent ; un architecte est appelé, il dresse un devis ; le montant des réparations à effectuer est discuté ; le plan est accepté.

La délibération et le vote sont transmis à l'administration départementale. Ici, nouvel arrêt dans les bureaux de M. le préfet. Il faut que ce haut fonctionnaire ait eu le temps d'examiner l'affaire, de formuler son avis. — Enfin cette épreuve est subie. Le dossier est adressé à l'*administration* CENTRALE, au ministère de l'intérieur. Là, que se passe-t-il ? nul ne le sait. Deux, trois années s'écoulent. La commune attend, mais ne voit rien venir. Et cependant chaque nouvelle tempête enlève encore une tuile à la maison d'école, une ardoise de plus au vieux clocher. A la fin de chaque hiver, le dégât s'est accru, la dépense à effectuer s'est décuplée.

Las d'attendre, le maire écrit à son député. Celui-ci va au ministère ; on cherche la demande qui y a été adressée ; où est-elle ? où n'est-elle pas ? — Au ministère de l'instruction publique ? Elle y est arrivée, mais elle en est sortie ; — à la division des cultes ? On l'y a vue, puis on l'en a renvoyée. — Enfin la voici enfouie, sous un monceau de demandes pareilles, au bureau des bâtiments civils.

Le député ou le représentant, le nom ne fait rien à la chose, presse, fait démarches sur démarches : — le rapport n'est pas prêt ; il est des affaires plus urgentes ; M. le ministre n'a pu encore donner sa signature.

Le maire sent sa présence nécessaire ; il arrive à Paris ; nouvelles démarches, nouvelles instances.

Enfin, il reçoit l'autorisation si impatiemment attendue, il la tient ; c'est bien elle. La voilà signée et contre-signée, scellée et contre-scellée. Après trois ans !

Il retourne vers sa commune, il accourt triomphant.....

Hélas! la veille, un coup de vent a achevé la besogne de trois hivers, de vingt tempêtes. La maison d'école s'est écroulée, le vieux clocher s'est abattu, écrasant l'église.

Ce n'est plus cent francs, c'est dix mille, vingt mille francs qui désormais grèvent la caisse communale.

Mais qu'est-ce que cela pour se plaindre? attendez.

Voici que les tristes vestiges de dix révolutions, les décombres qu'ont amoncelés vingt-cinq ans de guerre ont disparu. Deux invasions, le milliard d'indemnité ne sont plus que des souvenirs ; on a relevé les ruines, les pertes sont réparées. Le commerce, l'industrie font chaque jour de merveilleux progrès ; l'agriculture s'élève et s'améliore, ses produits s'accroissent : jamais le pays ne s'est vu placé à un si haut degré de prospérité.

La France est riche, forte et tranquille.

Soudain, au sein de la ville capitale, là où sont CONCENTRÉES toutes les forces, toute la vie du gouvernement, survient une émotion populaire. Quelques enfants perdus des sectes anti-sociales se lancent dans la foule ; un coup de pistolet part ; le sang coule ; une tourbe se lève, se grossit, se rue à travers la cité épouvantée ; l'ouragan gronde ; la tempête se déchaîne.

Le lendemain, les quatre-vingt-six départements apprennent — avec stupeur — que sans eux, malgré eux, un gouvernement a disparu, qu'un autre s'est imposé.

Le centre du pays a faibli ; l'émeute est maîtresse de la capitale ; — le reste de la France est vaincu et tremble devant elle.

CHAPITRE II.

QUELLE EN EST LA CAUSE? — *Du système de centralisation abusive.*

L'arbre qui produit ces fruits, c'est l'*excessive* CENTRALISATION, la centralisation française. Tant qu'il restera debout et entier, tant que du moins celles de ses branches qui portent un ombrage mortel à nos libertés, ne seront point abattues, il y aura là un péril toujours menaçant.

On commence à le voir, à le comprendre. Aussi, en ce moment, de vives préoccupations se tournent-elles de ce côté.

Qui fera donc désormais que la volonté nationale ne subisse plus ni violence, ni outrage? Quels obstacles opposera-t-on aux ambitions sourdes, aux féroces envies, aux passions anarchiques? Par quelles armes sera-t-il possible de comprimer leurs soudaines attaques, lorsque descendues dans les rues de la capitale, elles prétendent imposer leur pouvoir au pays réduit au silence? Quand, vaincues et rentrées sous terre, elles recommencent leurs sapes occultes, comment pourra-t-on neutraliser et rendre impuissants leurs efforts ténébreux?

Tous se posent ces terribles interrogations et déjà quelques-uns répondent :

Le repos du pays sera respecté, si le dogme de la

souveraineté nationale est *sincèrement* mis en pratique ; si des moyens sont pris pour que l'opinion de Paris ne pèse pas seule dans la balance ; si le vœu des départements compte désormais pour ce qu'il vaut, s'il est regardé comme une *injonction* émanant de la majorité du peuple français.

Le nombre des ambitions dangereuses décroîtra, si l'on étend la carrière où elles pourront s'exercer *licitement*, si l'on rehausse les théâtres où il leur sera donné de se produire.

Les passions anarchiques perdront courage et leurs attaques cesseront du jour où elles sauront que le pouvoir n'a pas le principe de sa vie circonscrit uniquement dans le centre, mais au contraire répandu *dans toutes les parties* du pays ; que, bien que frappé au cœur, il existera encore fort et puissant dans chacun de ses membres ; que, la capitale prise, l'émeute victorieuse aura encore à compter avec le reste de la France — irritée.

CHAPITRE III.

*Que ce système gouvernemental serait désigné à plus
juste titre sous le nom de système de concentration.*

Nous regrettons qu'un abus de langage nous force de
nous servir de ce mot *centralisation*, alors que nous
blâmons le système gouvernemental qu'il est censé
représenter.

Pour nous, le terme centralisation, pris dans son
acception réelle et grammaticale, exprime quelque
chose de beau, de fort, de puissant, de légitime; des
individualités, des groupes reliés à un centre, mais cela,
sans que ni l'individu, ni le groupe perdent rien de leur
caractère distinctif, sans que ce qui constitue leur vie
libre et indépendante soit absorbé par le centre.

Il n'en est plus de même du mot *concentration*.

La concentration est le système qui asservit et qui
absorbe, qui nie la vie des groupes et le droit des individualités.

Qu'on le sache donc, quand nous attaquons la centralisation française, nous nous adressons à la centralisation abusive, à la concentration.

Ces deux systèmes, en effet, se trouvent aujourd'hui
en présence l'un de l'autre.

L'un procède de la circonférence au centre, et tient

compte de la vie propre et autonome dont vivent l'homme, la famille, la cité ; il se base sur les mœurs privées non moins que sur les mœurs publiques, et constitue la cité par la famille et l'État par la cité.

L'autre au contraire, procédant du centre à la circonférence, consiste dans une force absolue qui s'impose *a priori*, et qui absorbe dans son mouvement propre tous les mouvements subordonnés.

Le premier de ces systèmes concorde seul avec la nature humaine.

CHAPITRE IV.

Que le système de concentration est la négation des droits afférents aux individus et aux localités.

Jetons les yeux autour de nous, et un seul regard suffira pour nous montrer l'humanité se composant d'individualités disposées en un ordre hiérarchique, ayant chacune son caractère distinct, ses affinités, ses attributions, ses intérêts. A la base, se trouvent les individualités simples, les hommes. Bientôt la réunion de ces premiers éléments constitue un être de raison, une nouvelle individualité d'un ordre supérieur ; c'est la famille dont on a tant de fois, mais vainement, essayé de nier l'existence légitime. Les familles groupées et coagrégées composent, elles aussi, un être moral qui est la cité ou la commune. Enfin, au sommet, l'État, résumé de ces individualités distinctes, êtres réels et êtres de raison, individualités simples et groupes d'individualités. Ainsi, homme, famille, cité, État : voilà les éléments, voilà leur gradation.

L'homme, son intelligence, son cœur, ses tendances ; une intelligence qui n'est pas celle de celui-ci ni de celui-là ; un cœur qui éprouve d'autres besoins, qui a d'autres affinités que le cœur du voisin ; un esprit dont l'aptitude à juger et la vigueur à exécuter diffère de l'aptitude et de la vigueur dont fera preuve tout autre esprit ; des tendances qui sont en rapport direct avec la situation de l'individu, le milieu qui l'entoure, la portion du territoire sur laquelle son activité se déploie et s'exerce. Cette intelligence, ce cœur, cet esprit, ces tendances doivent se produire dans la mesure indiquée par leur raison d'être : ainsi le veut le dogme saint de la liberté humaine.

La famille, ses principes, ses idées, ses tendances nouvelles comme ses nobles et vieilles traditions ; c'est de leur développement libre et original que naissent les mœurs privées ; et les mœurs publiques, l'expérience l'a démontré, sont en rapport direct avec les mœurs privées.

Que la famille soit calme et honorée, et la cité sera paisible et forte. Que l'idée de l'humanité se développe dans le recueillement du foyer intime, et la cité et l'état avanceront à grands pas dans la voie des destinées humaines.

La famille est la seule terre où germent les semences de l'avenir, car c'est le seul champ où la tradition et l'expérience puissent ouvrir leur sillon.

Lorsqu'à la suite d'une révolution, on voit les idées joncher le sol, on dit communément : les révolutions sèment. — C'est une illusion d'optique. Les idées ne couvrent alors la terre que parce que les révolutions les moissonnent avant la maturité.

Laissez donc à la famille le rôle que sa nature lui a assigné, et pour cela ne lui enlevez pas sa vie propre et indépendante, ni les droits qui la constituent ; ne transportez point à tout autre agent la puissance et l'initiative de son chef naturel et légitime.

Sachons aussi que chaque groupe de populations, que chaque cité a ses intérêts et ses besoins distincts dont la différence tient à l'origine, à la race des habitants, au climat sous l'influence duquel ils vivent, au sol sur lequel ils reposent, à la fertilité plus ou moins grande de ce sol, à la nature de ses produits.

Ne pas tenir compte de ces différences, passer le niveau sur ces intérêts divers, sur ces besoins plus ou moins étendus, c'est là encore attaquer une vie qui a droit de se produire, une individualité que la nature a créée et entend maintenir. Or voici les conséquences les plus immédiates qui en résultent :

Souffrance des intérêts locaux, par la lenteur avec laquelle les solutions arrivent, par la difficulté avec laquelle ces solutions peuvent être appropriées aux nécessités du lieu. Quelles que soient l'intelligence, la bonne volonté de l'administrateur placé au centre du pays, loin du point qu'il s'agit de régir, s'il est à l'abri de ce qu'on nomme les influences de clocher, sera-t-il exempt de ce qu'on appelle l'esprit de théorie ? N'y a-t-il pas danger qu'il se tienne dans les généralités, alors qu'il faudrait descendre au particulier ? Qu'il se perde dans les hauts principes, quand il serait nécessaire qu'il se basât sur le fait ? Qu'il fasse, en un mot, de la circulaire, lorsqu'il serait nécessaire d'adresser une dépêche ?

Éloignement trop fréquent des affaires de la commune et de l'arrondissement, de la part d'esprits dont l'activité n'y trouve point à se développer. — Rehaussez ces théâtres, donnez-y une liberté d'action raisonnable, et sans doute alors pourrait se produire et se satisfaire toute sage et noble ambition devenue par cela même sans danger pour l'État, pleine de profit au contraire pour le pays.

Enfin, individu, famille, cité, tous et chacun de ces éléments, chacun aussi bien et non moins que tous, créent et constituent cette merveilleuse idole que nous aimons, qui tient à notre cœur et à nos entrailles, LA PATRIE ; la patrie dont on est fier, qu'on pleure lorsqu'on en est absent, pour qui l'on vit et pour qui l'on meurt.

Oui, la patrie est cela surtout, ou elle n'est rien. C'est nous, notre être, notre famille, la cité dont nous sommes membres, l'État à la direction duquel nous participons d'une manière quelconque ; c'est le siége de nos affections intimes, de nos intérêts privés et publics, de nos affinités, de nos besoins, de nos goûts ; c'est, avant tout, le lieu qui attire nos sentiments, satisfait notre cœur, développe nos croyances, rallie nos idées et affranchit notre conscience.

L'exil volontaire du sol natal est la démonstration la plus évidente de cette vérité éternelle, à savoir que la patrie est là où l'âme et l'intelligence des individualités vivent de leur vie propre et ne sont point absorbées. Aujourd'hui, les derniers Jagellons habitent les rives de la Seine ; il y a un siècle et demi, le protestant fran-

çais s'est fait prussien ou anglais; et jadis, quand les
Athéniens, fuyant leurs foyers menacés, livraient à l'in-
constance des flots leurs femmes, leurs enfants, les
images de leurs ancêtres, leurs pénates, tout ce qu'ils
aimaient, tout ce qu'ils adoraient : C'est la patrie, disait
Thémistocle, que nous confions aux dieux immortels !

CHAPITRE V.

Qu'il attaque dans son principe même le droit de propriété.

Parmi les faits humains, s'il en est un que son origine même devrait recommander à tous les respects de la loi, chargée de le réglementer, c'est à coup sûr le fait de la propriété.

D'où vient en effet l'appropriation si ce n'est de la transformation, de l'amélioration, qui par les soins, les peines, les travaux, les sueurs de l'individu, s'opèrent dans un objet, dans une substance, dans une matière première qu'il n'a pas créés sans doute, qu'il n'a pu créer, mais qu'il a rendus *siens,* selon l'expression de la loi romaine, en leur imprimant le sceau de sa main et son intelligence?

Aussi, pour quiconque l'examine sans arrière-pensée ou plutôt sans mauvaise pensée, de tous les droits afférents à l'homme, la propriété est le plus moral parce qu'il est le droit du plus laborieux, — le plus juste, parce qu'il est le droit du plus habile, — le plus inattaquable, parce qu'il est le plus naturel, fondé qu'il est sur l'activité humaine !

Or, si, malgré cela, le principe même de la propriété subit, à l'heure qu'il est, les outrages de ces hommes dont la convoitise n'a d'égale que leur paresse, et qui trouveraient plus commode de prendre que de gagner, encore faudrait-il que le système gouvernemental qui nous régit donnât à tous l'exemple du respect pour la propriété, et n'offrît pas aux attaques dirigées contre ce principe comme un motif d'excuses. Il serait bon que le recueil des lois et des réglements auxquels ce système a soumis la propriété, ne fût point un arsenal rempli d'armes toujours prêtes à l'atteindre.

La loi la plus funeste, sous ce rapport, quant à ses effets, est sans contredit celle du 16 septembre 1807. D'une application continuelle dans l'exécution des travaux publics et surtout en ce qui concerne l'ouverture et l'entretien des grandes voies de communication, elle légitime, au nom de l'État, les atteintes les plus graves portées au droit de propriété, et cela sans qu'il soit payé d'indemnité suffisante ; elle va même jusqu'à dénier, dans certains cas, tout droit à l'indemnité. (1)

C'est encore sur l'esprit et les principes de cette loi illibérale que l'Etat se fonde, dans des circonstances fréquentes bien que spéciales, pour imposer extraordinairement la propriété ; tel est le cas, par exemple, où par cela seul qu'ils se trouveraient dans le voisinage de travaux exécutés, des fonds immobiliers seraient

____

(1) Voir notamment les dispositions de cette loi relatives à l'extraction des matériaux dans les propriétés riveraines des routes, art. 55 et suivants.

présumés devoir en tirer une augmentation de valeur ; (1) mesure souverainement despotique et inéquitable, puisqu'une fois déjà, sous forme de contribution annuelle, les possesseurs de ces immeubles auraient eu à payer au Trésor public ces améliorations générales et toujours éventuelles. Faisons remarquer, en outre, que tandis que l'État surcharge ainsi à son profit, en vertu de cette loi exorbitante, la propriété privée à raison des avantages à coup sûr indirects qu'il est censé lui procurer, c'est encore sur cette même loi qu'il s'appuie pour s'affranchir, à l'égard de cette même propriété, des règles générales de la responsabilité, (2) et pour déclarer qu'il ne doit aucune indemnité des dommages qu'il a causés, quand ces dommages ne sont point matériels et directs.

Il s'agit ici, il est vrai, d'un décret de l'Empire, régime glorieux s'il en fut, mais aussi sous lequel on vit disparaître jusqu'aux vestiges des dernières libertés locales.

La concentration de toutes les résistances légitimes, disséminées autrefois sur les différents points du pays, n'avait été pour la Convention qu'un instinct despotique. Sous l'Empire, cette concentration fut érigée en système raisonné de gouvernement. De toutes les me-

(1) Voir art. 30.

(2) Ces règles générales sont proclamées par les art. 1381 et suivants du Code civil.

sures qui en furent la suite, la loi de 1807 n'est pas la moins funeste.

Depuis cette époque, et une fois le principe posé, on a vu s'augmenter sans cesse le nombre de ces objets appartenant soit aux particuliers, soit aux localités, vers lesquels se dirigent les appétences de l'État; on a vu les administrations centrales, dont la tête est à Paris et dont les bras sont partout, étendre sans relâche le cercle de leurs usurpations.

Voici les plus évidentes, que nous énumérerons rapidement :

La régie des forêts communales enlevée aux municipalités et livrée à l'omnipotence d'une administration, sans profit pour les communes qui sont astreintes envers elle à une rétribution exorbitante ; la propriété des eaux non navigables ni flottables contestée aux riverains et revendiquée par l'État dont on comprendrait jusqu'à un certain point, dans ce cas, la prétention exclusive, s'il annonçait ne vouloir devenir seigneur et maître de ces eaux que dans le but d'organiser un système complet d'irrigation ; la susceptibilité, poussée jusqu'à l'excès, dans l'exercice des droits que l'État peut exercer sur les cours d'eaux navigables et flottables ; la suppression sans motifs réels et sérieux des anciennes usines et des grands établissements d'industrie privée qui se trouvent situés à la proximité de ces eaux; et, dans ce cas, le refus arbitraire ou la contestation mesquine des droits à l'indemnité les mieux justifiés, les plus évidents : ces circonstances, mille autres encore qu'il serait trop long d'énumérer ici, viennent chaque jour, nous le répétons, dénoter l'esprit d'envahissemeut qui anime forcément les administrations, filles du système de concentration.

Mais, par-dessus tout, l'histoire des premiers mois de notre dernière révolution qui, à peine née, s'est empressée d'accepter l'héritage de ce système gouvernemental, est là pour montrer à la France effrayée quelles peuvent en être les conséquences logiques et naturelles.

A cette époque néfaste, la propriété privée perdit toute sécurité. Des chefs du gouvernement proclamèrent que, sous ce rapport comme sous bien d'autres, l'État était maître suprême, absolu, despotique. On alla jusqu'à lui attribuer le droit de suspendre et même de briser la loi des contrats. Nous vîmes le jour où toutes les notions du vrai et du faux, du juste et de l'injuste, étant confondues, méconnues, méprisées, les ateliers et les usines, les assurances, les grandes voies de communication, chemins de fer et canaux, allaient être enlevés à l'industrie privée qui seule peut produire plus vite, mieux et à prix réduit, pour être attribués à l'État, exploiteur universel. (1) Tout était dit; le droit de la

(1) On se rappelle les élucubrations du Luxembourg. — Aujourd'hui, 15 mars 1849, je lis dans le numéro du *Peuple* de Proudhon, que le 13 mai 1848, à la séance du club de la Révolution, Barbès préconisait cette intervention suprême de l'Etat : c'est dans cette intervention, disait-il, que se trouveront les moyens généraux, progressifs, qui conduiront l'Etat à être LE GRAND FONCTIONNAIRE SOCIAL.

propriété individuelle allait être violé, la volonté et le consentement des contractants perdaient leur force; parmi les choses humaines, il n'y avait bientôt plus rien de certain, rien de sacré : l'empire de la bonne foi s'écroulait.

CHAPITRE VI.

Qu'il est le système de gouvernement mis en pratique par les despotes ; qu'il est la voie du socialisme.

Ainsi, de ce qui précède, il résulte que la centralisation abusive, la concentration, est la négation du droit des individualités, l'absorption de la vie diffuse et autonome qui anime l'homme, la famille, la cité.

Maintenant si, du point de vue abstrait, nous arrivons à l'histoire et aux faits actuels, nous verrons que telle est la forme sous laquelle se produit ou tend à se produire sans cesse le despotisme s'emparant d'un pays et d'un peuple.

Naguère la Convention a centralisé la France ; aujourd'hui la Russie centralise et absorbe la Pologne.

L'explication de ce fait serait assez instructive pour que nous essayions de la donner en deux mots.

Le despotisme est invariablement le gouvernement des minorités, que ces minorités soient un seul homme ou quelques-uns, qu'elles soient l'autocrate russe, le comité de salut public, le gouvernement provisoire ; et c'est logique.

Elles n'ont vaincu qu'en anéantissant toutes les forces immenses et multiples dont se compose la majorité. Victorieuses, elles ne peuvent dominer qu'en empêchant la force et la vie de renaître en dehors d'elles-mêmes. Car la vie, c'est le mouvement; et le mouvement, c'est la résistance. La résistance de la majorité contre la minorité aboutit forcément à la défaite de celle-ci.

En ce moment, il se produit un autre fait non moins instructif dans le même ordre d'idées.

Dans les discussions qui s'élèvent aujourd'hui sur la question, ce sont les organes de la minorité, les fauteurs des doctrines anti-sociales qui défendent notre centralisation française avec le plus d'ardeur et d'insistance. En voici les motifs :

En premier lieu, nulle forme gouvernementale n'offre à leurs convoitises, à leurs ténébreux desseins, plus de chances de réussite, plus de garanties d'avenir. Un coup de main, une surprise soudaine accomplie au centre du pays, et ils sont nos maîtres ; qu'ils tiennent un moment la capitale dans leurs serres, et le reste de la France est à eux ; que la violence et la terreur soient organisées sur ce seul point, et les quatre-vingt-six départements tremblent.

Le système de centralisation, en outre, concorde admirablement avec les idées de ces hommes pour qui les choses et les mots comportent un tout autre sens que celui que, nous autres, nous leur attribuons. Selon eux, la liberté n'est pas pour l'homme le droit de penser et d'agir en tant qu'individualité ; l'égalité ne désigne plus la limite que la raison a bien pu imposer aux forces brutales de l'individu, mais à laquelle elle n'a jamais prétendu astreindre son activité morale et intellectuelle;

à la fraternité, ils dénient tout ce que ce terme peut exprimer de dévouement gratuit et libre. En revanche, ces mots saints que le sens commun a toujours compris ainsi que nous venons de l'indiquer, signifient, pour eux, l'absorption des individualités par je ne sais quel anéantissement, au profit d'une généralité indéterminée ; la confusion de toutes les forces physiques et intellectuelles dans un but indéfini de communion mystique dont il leur reste encore à trouver le rite. (1)

En définitive, c'est presque là aussi le dernier mot de la concentration française. Il suffit, pour qu'elle aboutisse à quelque chose de pareil, que les principes de ce système gouvernemental tombent entre les mains de certain logicien impitoyable qui se charge d'en faire ressortir les conséquences.

La centralisation française est le moyen et la voie — du socialisme.

(1) « L'homme fait partie du grand tout, *il ne peut vivre de sa vie propre....* La société, personnification du peuple, s'exprimant par des actes de souveraineté, est dès-lors la grande ordonnatrice, la directrice naturelle du mouvement général *et des actes particuliers....* Morale, économie, politique, tout relève d'elle.... A elle de régler les rapports de ses membres entre eux, *soit comme hommes,* soit comme citoyens. L'autorité sociale est suprême, *absolue, despotique* même...; etc.

SAVARY, *exposé du dogme égalitaire.*

CHAPITRE VII.

Paris, personnification du système de concentration.

La *personnification* actuelle de cette centralisation, c'est Paris.

Paris, nom doux et terrible à la fois, plein de promesses riantes et gros de menaces ; Paris, ville maîtresse et esclave, asile de la vertu et de la science, égout du vice et des instincts brutaux ; Paris qui fait notre force et notre faiblesse, notre gloire et notre honte.

C'est là qu'est placé le ressort unique, absolu, qui fait agir presque mécaniquement, l'individu, la famille, la cité, privés de leur mouvement propre et naturel ; là siége le corps central, auquel a été dévolu sur toute la France l'empire et le monopole de l'enseignement ; là se développe, avec ses replis multiples, l'administration centrale avec ses neuf ministères, ses cent directions, ses mille bureaux au sein desquels viennent se décolorer, perdre leur caractère propre, leur nature distincte, les intérêts et les besoins de toute commune, de tout groupe de population ; là enfin se concentrent toute vie, toute force gouvernementale, laissant le reste du pays inerte et paralysé.

Tabernacle de la puissance et de la majesté de la

France, Paris a été rendu digne de la divinité qu'il circonscrit dans ses murailles inflexibles. Frappé de la baguette de l'enchanteur, chaque jour il a pris un aspect plus merveilleux, plus grandiose ; chaque jour, ses attraits sont devenus plus puissants, plus irrésistibles. Où courent aujourd'hui toutes les ambitions ? Où viennent aboutir toutes nos forces vitales ? Où sont les intelligences que réclameraient les intérêts locaux, les bras qui de droit appartiennent à l'agriculture ? — A Paris. C'est là que se portent continuellement les esprits cultivés et les classes ouvrières ; c'est là qu'affluent les capitaux, laissant, après eux, nos communes et nos champs déserts et pauvres.

Or cette situation et ce fait dont notre passé s'est déjà ressenti, qui pèsent sur notre présent, sont gros encore de menaces pour l'avenir. Il en résulte que, quel que soit l'ennemi, Paris est toujours le champ de bataille et — que presque toujours il est le champ de la défaite.

1814, 1815, jours d'invasion, jours de honte, dans lesquels Paris, agenouillé devant l'étranger, en courbant son front, courba celui de la France.

1830, proclamation au profit unique du peuple de Paris du droit à l'insurrection, jour où ce peuple apprit qu'il était le maître de livrer le reste du pays à tout gouvernement créé d'après son bon plaisir.

Février 1848, conséquence logique du principe de 1830, barricades élevées sur d'autres barricades, comme Pélion le fut sur Ossa ; hommes et systèmes que Paris imposa par la force à la France des quatre-vingt-six départements, stupéfaite et réduite au silence.

Puis vinrent le 15 mai et les journées sanglantes de juin ; là encore Paris, toujours Paris, avec sa tourbe d'ambitions haîneuses, de jalousies féroces sans cesse prêtes à satisfaire leurs convoitises par la terreur et le sang, avec sa populace abrutie par les excitations du coin de la rue et par les vices qui rampent sur l'asphalte des boulevards, aux heures sombres du soir. Si, cette fois de plus, Paris, ce Paris dont nous parlons, eût vaincu, que serait-il advenu de la France, ô mon Dieu ?

On rapporte que, lorsqu'il arriva sur les hauteurs de Montmartre, Blücher plongea un long regard ironique sur la ville qui s'étendait à ses pieds. A ce moment, ses officiers faisaient avancer les canons qui allaient y porter le feu et la mort. « Qu'allez-vous faire, messieurs, arrêtez, dit-il ; puis étendant le bras et leur montrant ce vaste chancre qui s'élargit aux deux rives de la Seine, le grand haïsseur du nom français ajouta : Voyez-vous, la France ne périra jamais que de cela !.... »

CHAPITRE VIII.

Qu'aujourd'hui, ce système est repoussé par le pays.

Eh bien, la France ne veut pas périr ! Depuis dix mois, elle lutte contre le mal ; elle finira par le vaincre.

Tombé, le 25 février, en proie à des aventuriers sans talents, sans principes, sortis de dessous terre pour préconiser l'ignorance dans leurs circulaires, le despotisme et la terreur dans leurs bulletins, le pays fut un instant stupéfié et comme frappé de la foudre. En vérité, il y avait bien de quoi ! Devenir en un jour républicain et cosaque, c'était trop d'une chose au moins.

Enfin, ce saisissement passé, la France put recueillir ses esprits. Les élections d'avril arrivant, le bon sens départemental commença à se faire jour ; ce fut un premier effort de malade qui sent son mal et veut guérir.

Les mandataires des provinces reçurent la mission de combattre les élus de la grande cité, les hommes des démolitions sociales et des utopies communistes, les hommes du droit au travail, du maximum et des assignats : de réprimer les clubs, cavernes des appétits féroces, des basses envies, des imaginations dévergondées ; de museler cette presse ignoble qui, rédigée au milieu des orgies, criait à la famine et dressait, le verre en main, des tables de proscriptions.

Cependant, voici mai, voici juin, redoublements terribles du mal qui nous dévore.

Quelle plume pourra jamais décrire le pays soudain galvanisé par un courant magique, ce corps jusqu'alors inerte se réveillant et se dressant, les quatre-vingt-six départements s'élançant comme un seul homme. Sublime effort, résistance de géant ! Ces jours-là, la concentration française dut songer à amener son drapeau ; la province venait d'élever le sien !

Que dirai-je de l'élection du 10 décembre ? Quelle circonstance pourrait plus que celle-là, témoigner de la volonté bien arrêté par la France départementale de secouer sa torpeur et de reconquérir ses droits et sa vie indépendante ?

Jamais la grande ville, voyant l'empire prêt à lui échapper, ne déploya une plus sauvage énergie ; jamais le gouvernement, personnification de la suprématie parisienne, n'imprima à la machine un mouvement plus vigoureux. Du centre à tous les points infinis de la circonférence fut lancé le mot d'ordre devant lequel devait disparaître toute initiative individuelle. Depuis le préfet jusqu'au garde champêtre, il n'y eut pas une des *forces actives* du gouvernement qui n'agit dans le même sens et pour le même but.

Vains efforts ! peines inutiles !

Tout là-bas, au sein des départements, au fond des campagnes, un cri faible d'abord se fait entendre ; bientôt il s'élève, grandit, s'accroît, s'étend, enveloppe, assiége la grande ville ; la cité veut lutter et combattre ; elle résiste, elle se raidit ; le cri monte, monte toujours, il se déchaîne comme la tempète qui déracine, il gronde comme le tonnerre vengeur.

Alors les convictions se troublent et se taisent, les efforts se déconcertent : Paris est vaincu ; la province l'emporte, le principe de la centralisation abusive a vécu.

Si aujourd'hui ce système semble se tenir encore debout, ce n'est plus que le fantôme de lui-même, ce n'est plus qu'une trompeuse apparence. Parfois, au fond de nos forêts, on voit un tronc antique frappé de la foudre, dont le cadavre desséché essaie d'élever encore vers le ciel des branches noircies et dépouillées de feuillage ; mais chaque coup de vent l'ébranle ; chaque tempête le penche vers le sol : l'ouragan fait un dernier effort ; l'arbre naguères sublime tombe, et disparaît bientôt sous les lichens.

CHAPITRE IX.

Que les adversaires actuels du système de centralisation ne sont rien moins que des fédéralistes et des factieux.

Terminons ici la partie critique de cette étude, en appréciant à sa juste valeur un reproche qu'on est convenu d'adresser à ceux qui, comme nous, pensent que le salut du pays est dans la déconcentration. Nos adversaires paraissent désirer que nos concitoyens prennent le change sur nos idées ; ils les dénaturent et les travestissent ; ils les affublent d'un nom factieux : c'est là, assurent-ils, du fédéralisme ; c'est là le système de la Gironde.

Puis ils ajoutent, en s'adressant à nous : Vous voulez détruire l'unité du pays, cette unité qui fait sa force, sa puissance, sa grandeur ; vous voulez scinder la France en provinces distinctes ayant, comme autrefois, leurs lois, leurs droits, leurs priviléges ; vous voulez que désormais il y ait des Bretons, des Flamands, des Aquitains ; vous ne voulez plus qu'il y ait de Français.

Ignorance ou mensonge ! Que nos adversaires choisissent ; les reproches qu'ils nous adressent ne viennent que de là.

Ignorance, car ils devraient savoir que le fédéralisme, idée de la Gironde, ne consistait point dans la reconstitution de nos anciennes provinces. Brissot, le père de ce système, s'avisa de tailler à plaisir dans ce beau territoire de France, le trancha en quatre parties distinctes qui devaient être, autant que possible, égalisées, du moins le voulait-il, en étendue, en population, en richesses. Ces quatre portions fédéralisées entre elles, d'après un mode particulier trop long et inutile à développer ici, devaient constituer la République.

Certes, s'il est une chose qui étonne, c'est que ce projet ait alors rallié un grand nombre de hautes intelligences. Est-il besoin de dire aujourd'hui qu'il est bien et dûment oublié, et que personne ne s'avise d'y penser?

Mensonge, car ils savent bien nos adversaires, que nos attaques ne s'adressent point à la centralisation vraie, utile, bonne, qui relie et vivifie, mais à la concentration, à la centralisation abusive qui absorbe et qui tue; — car ils savent que personne n'appelle plus sincèrement que nous l'unité de la patrie; mais nous voulons l'unité dans la vie, non l'unité dans la mort.

Oui, mensonge, car, s'il défendent la concentration, c'est qu'ils en attendent, on ne saurait trop le faire entendre au pays, la réussite de leurs ténébreux desseins, de leurs attaques soudaines.

Or, leur triomphe, ne l'oublions pas, ce n'est pas seulement notre perte à nous, membres du grand parti modéré; c'est le coup mortel porté à la France. Si donc nous redoutons la victoire des sectaires anarchiques, si nous voulons notre salut, celui du pays, demandons, poursuivons, obtenons la déconcentration !

La déconcentration n'est pas seulement un but pour nous, c'est encore un moyen et une arme, une arme qui nous protége et qui blesse ces irréconciliables ennemis ; une arme défensive — et offensive.

Nous sommes en face du parti rouge qui la redoute : que la déconcentration soit donc notre arme de guerre.

Rappelons-nous que ce parti a fait contre la société le serment d'Annibal. A ce défi sauvage, eh bien ! il faut répondre par le cri de Caton : *Delenda Carthago!*

CHAPITRE X.

TRANSITION. — *Que la concentration doit être remplacée par un système de vraie centralisation.*

Non! plus de centralisation abusive! car, pour nous résumer en quelques mots, cette centralisation, c'est une atteinte portée :

A la liberté individuelle ;

Au droit de la famille et à l'autorité de son chef ;

Aux franchises de la cité ;

A la souveraineté de tous manifestée par le vote universel.

Décentraliser dans ce sens, c'est donc reconquérir d'abord, puis organiser nos libertés.

CHAPITRE XI.

Que, en théorie, le système de vraie centralisation, à la différence de la concentration, repose sur l'exercice et le développement du droit individuel.

Qu'on nous permette de le répéter ici. A la différence de la concentration, la centralisation est le système gouvernemental qui, procédant de la circonférence au centre, tient compte de la vie propre et indépendante dont vivent l'homme, la famille, la cité. Il se base sur le droit d'être des individualités, hommes ou groupes de populations, avec leurs affinités et leurs instincts, leurs besoins et leurs intérêts distincts, et constitue la cité par la famille et l'État par la cité. Ce système, c'est la vie affluant de chaque partie du corps, c'est le sang se portant, en premier lieu, des extrémités au cœur pour sans cesse revenir à sa source. En un mot, la centralisation a pour point de départ *le droit individuel.*

Voilà, un mot, nous le savons, qui au premier abord effraie ou plutôt qui étonne; mais n'est-ce point parce qu'on ne se rend compte ni de sa signification ni de sa portée ?

Ce droit, en effet, auquel le système de concentration et le socialisme dénient la faculté de se produire, ne doit point être confondu avec ce qu'on appelle individualisme ou égoïsme. Il est placé entre ce sentiment, abus que l'homme fait de sa personnalité, et la négation absolue de sa légitimité proclamée, comme nous venons de le dire, par les partisans de la concentration et des doctrines socialistes. Il est là comme un moyen terme entre deux extrêmes opposés, comme la vérité entre deux erreurs.

Cette assertion est évidente pour tous ceux qui voient dans l'homme un être que la nature fait naître et se développer au sein d'une famille à lui, qu'elle a placé au milieu d'un groupe de population marqué d'un cachet spécial par le sol sur lequel il repose, par son origine et par son langage, qu'elle a établi membre d'une cité particulière, soutien d'un État déterminé.

Cela posé, qu'est-ce alors que le droit individuel, sinon la manifestation et l'exercice réguliers et logiques de nos facultés physiques, morales et intellectuelles, déterminés par notre essence même et la raison que nous avons d'être ? Qu'est ce droit, sinon le droit de l'homme qui, fils d'abord et père ensuite, doit respect à ceux dont il tient le jour, protection à ceux auxquels il a transmis la vie, et qui, par cela même, éprouve le besoin de la paix et de l'ordre pour la sécurité de sa famille et la garantie de son travail ; qui, citoyen, consacre sa pensée et son énergie à la chose publique ; qui, soldat, défend le pays contre les agressions du dehors, et, garde national, marche aux barricades pour protéger lui, sa famille, sa propriété, la famille et la propriété des autres, contre des attaques anarchiques et sauvages? En un mot, qu'est-ce donc que le droit individuel, sinon le droit de se dévouer librement?

Sans doute pour tous il n'en est point ainsi, et l'individualité se produit quelquefois par des faits contraires. Ainsi on voit des hommes qui, s'arrachant violemment du sein de la famille et de la cité, s'affranchissent de toutes les règles et de toute mesure, laissent de côté les voies tracées jusqu'à ce jour à l'humanité par la nature elle-même et se jettent, dans les sentiers de l'utopie, à la recherche de terres et de cieux que jamais n'éclaira le soleil des vivants. Mais là est et sera toujours l'exception, et c'est, plus que dans toute autre circonstance, le cas de dire que cette exception est la meilleure démonstration du principe. Il est, en effet, impossible et contraire à toutes les lois de la nature que la majorité des individualités soit faussée et s'échappe du cercle imposé à l'activité physique et intellectuelle de l'homme.

Nous ne finirons point ce travail, du reste, sans voir que cette exception pourrait, sinon disparaître, du moins être atténuée. Le moyen qui doit amener ce résultat sortira des entrailles même de la question, et servira de conclusion à cette étude. (1)

Disons donc que l'intérêt commun ou général, n'est rien autre chose que la masse coaggrégée des intérêts

____

(1) Voir chapitre 18ᵉ.

privés et particuliers. Ainsi, respect au droit individuel, le véritable élément primordial du droit public et de la souveraineté nationale !

Le premier soin d'un gouvernement qui, ainsi que le nôtre, prétend se baser sur ce principe, est donc non-seulement de consacrer le droit individuel, mais encore d'en favoriser l'exercice.

CHAPITRE XII.

Que c'est par l'exercice de ce droit que se constitue la souveraineté nationale.

C'est seulement lorsque la loi et le pouvoir sont la manifestation de la souveraineté nationale, cette glorification du droit individuel, que la loi et le pouvoir ont cette autorité et sont entourés de ce prestige qui les rendent forts et inviolables.

On comprend parfaitement, en effet, *mais sans les excuser,* la rébellion et l'insurrection contre les gouvernements dont le système contraire, la concentration, est la base. C'est, nous l'avons dit, le système des minorités, d'un homme ou de quelques-uns gouvernant despotiquement et imposant, *à priori,* leurs volontés. Or, prétendre que nous prenions, vous ou moi, au sérieux tel ou tel homme, mon voisin ou un autre, que, alors qu'il était enfant, nous avons vu jouer ou pleurer, et dont nous connaissons, depuis qu'il est avancé en âge, les idées peut-être faibles ou ridicules, les penchants secrets et parfois dépravés, ou toute autre vulgarité ; me le présenter comme l'arbitre suprême de mon sort et des destinées du pays : voilà, certes, qui est difficile à imposer. Ici l'étroitesse de la base sur laquelle vous asseyez le pouvoir, le dispute à la facilité que vous accordez à qui veut le renverser. Supprimez l'individu, et effacez son nom placé en tête des actes de l'autorité ; mettez-vous à sa place : rien n'est changé, une usurpation est remplacée par la vôtre, et voilà tout.

Mais il en est différemment dès qu'il s'agit du pouvoir et de la loi, constitués d'après le système de la centralisation. Dans ce cas, la rébellion est un attentat au droit de chacun, et l'insurrection n'est plus qu'une attaque sauvage dirigée contre les bases mêmes de la société. Ici, la loi est le produit du droit individuel généralisé, la synthèse des intérêts privés indépendants ; c'est l'idole que chacun des membres de la société a contribué à créer pour tous comme pour lui, et pour lui comme pour tous. Mais, si, comme la déesse, cette idole sort toute puissante et toute armée du vaste et majestueux cerveau qui l'enfante ; elle n'agite point sa lance, elle est muette, sourde, impitoyable pour tout intérêt privé qui ne serait pas l'intérêt de la généralité. Ni colère, ni poignard ne peuvent atteindre cette essence impassible. Que le socialisme se lève, qu'il dresse ses barricades ; que, sous prétexte de constituer une République, il substitue ses funestes volontés à la loi acceptée de tous, qu'il se fasse gouvernement ! — Eh bien ! à peine sera-t-il assis à l'Hôtel-de-Ville ou au Luxembourg, et commencera-t-il à s'endormir au sein de son triomphe, que la déesse renversée, se relevant, se redressera peu à peu, grandira, et soudain surgissant, apparaîtra à ses yeux effrayés comme un spectre vengeur.

Les minorités victorieuses croient s'affranchir de la terreur qu'il leur inspire, en l'appelant *réaction*. Laissez-les faire, et laissez-les dire ; ce spectre, çe n'en est pas moins la souveraineté nationale qui menace et revendique ses droits.

CHAPITRE XIII.

Qu'en pratique, la vraie centralisation doit avoir pour point de départ le vote individuel exprimé au siége de la commune.

Il faut que l'élément par lequel se constitue la souveraineté nationale, il faut que le droit individuel s'exerce librement et sincèrement, et il n'en sera ainsi que le jour où le vote universel fonctionnera *au siége de la commune.* C'est là, selon nous, le point de départ pratique de la vraie centralisation.

Nous n'avons point l'intention de reproduire ici les motifs qui établissent l'indispensable nécessité de cette réforme ; nous ne dirons point que les principes de véritable égalité entre tous les citoyens et de loyauté politique, que la liberté de conscience même y sont intéressés. (1) Nous nous contenterons de montrer brièvement qu'il est facile d'obvier, avec un peu de bonne volonté, à l'inconvénient que les adversaires du suffrage exprimé au siége de la commune ont trouvé à reprocher

(1) Le scrutin a toujours lieu les jours de dimanche. Le déplacement des électeurs ruraux, outre qu'il leur occasionne des frais et des pertes de temps auxquels ne sont point astreints les électeurs du chef-lieu de canton, est un obstacle au libre accomplissement des devoirs religieux.

à ce mode de voter, et sur lequel ils se sont appuyés pour le faire repousser. Selon eux, dans nombre de communes, il serait impossible de pouvoir constituer un bureau suffisamment éclairé qui puisse diriger le scrutin et se prononcer sur les difficultés subitement survenues.

Eh bien ! c'est justement le prétexte contraire qui leur a fait adopter le canton comme l'unité politique en fait de circonscription : idée peu heureuse à la vérité et dont l'expérience a déjà fait une fois justice, nous le verrons plus loin. Quoiqu'il en soit, ils ont pensé que dans l'étendue de ce territoire on trouverait assez d'éléments pour constituer un conseil local instruit et compétent. Qui empêcherait donc de tirer profit, pour cette circonstance spéciale, des élus du canton ? — Exemple : que par chaque commune, un membre du conseil cantonal soit délégué et adjoint au bureau chargé de surveiller le scrutin et d'en assurer la sincérité et la liberté; une fois les suffrages exprimés et publiés dans le canton, le conseil jugerait, en première instance, toutes les contestations sérieuses qui se seraient élevées devant les bureaux siégeant au sein des différentes communes de la circonscription. L'appel en serait dévolu au conseil général, réuni pour proclamer le résultat définitif des votes du département. Enfin, lors de la vérification des pouvoirs, l'Assemblée législative n'aurait à réviser, que si les difficultés n'avaient pas reçu de la part des conseils locaux une solution identique. Nous proposons ce mécanisme ; dix autres non moins simples, non moins faciles dans l'exécution, peuvent être présentés ; ce que nous tenions à constater, c'est que l'objection prétendue péremptoire qui a été soulevée contre le suffrage universel fonctionnant au siége de chaque commune n'est véritablement pas sérieuse.

Non, disons-le hautement, elle n'est pas sérieuse et n'est qu'un prétexte mis en avant par le parti contre lequel nous avons à nous défendre.

Le vote au siége de la commune est l'expression la plus sincère de la masse des intérêts et des besoins afférents aux individualités; c'est l'intérêt de la propriété, de la famille ; c'est le besoin des localités, de la commune, de l'arrondissement, du département qui se manifestent et se proclament. Le moyen alors que les partisans de la concentration et du socialisme consentent à l'adopter ! Le moyen que les adversaires du droit individuel, que les ennemis des libertés locales, que les haïsseurs de la propriété et de la famille le prennent jamais sous leur patronage ! Non, croyez-le, ils le redoutent.

Ils le redoutent, parce qu'il est favorable aux populations attachées de cœur aux idées qu'ils s'efforcent de détruire, aux populations rurales. Ils le craignent, parce que ce vote, manifestation du sens de chacun, est le triomphe du sens commun. Or qui ne sait que le sens commun est ce qu'ils dédaignent le plus au monde, les savants qu'ils sont !

En revanche, ils réservent toute leur protection pour le vote au chef-lieu du canton, mode de scrutin qui impose aux citoyens des dérangements souvent considérables, toujours onéreux, et dont les émotions et les surexcitations finiront par écarter loin de l'urne électorale les populations paisibles des champs ; tandis que vers cette urne se précipiteront toujours les masses turbulentes des grandes villes, ces masses au sein desquelles la majorité, nous défions qu'on nous donne ici un démenti sérieux, est marquée des stygmates de la démoralisation et du vice.

Le but des esprits qui, en ce moment, s'occupent de la question de centralisation, est d'arriver au rétablissement de la paix et au raffermissement de l'ordre ; qu'ils commencent donc par repousser le vote au chef-lieu de canton, premier obstacle qui s'oppose à la manifestation du véritable sentiment du pays et à la réalisation du dogme de la souveraineté nationale. C'est par l'affranchissement politique de la commune qu'il convient de commencer l'ère des libertés locales.

Si le temps et l'espace ne nous pressaient, nous invoquerions les mêmes raisons et d'autres encore non moins concluantes contre le scrutin de liste, et en faveur du *vote par arrondissement.* Cette réforme est, non moins que *le scrutin fonctionnant au siége de la commune,* une des modifications les plus importantes que l'Assemblée *législative* aura à signaler à l'attention de la *constituante* qui la suivra sans doute, et qui aura pour mission de réviser notre loi fondamentale.

—

CHAPITRE XIV.

*Application de ces principes à l'organisation adminis-
trative des communes, des arrondissements, des
départements.*

Ainsi, voilà notre point de départ trouvé. — En
théorie, le droit d'être des individualités, hommes et
groupes de population, cités, arrondissements, départements ; le droit pour chacun d'eux de voir leurs intérêts pris en considération spéciale, de recevoir la satisfaction que leurs besoins exigent ; — en pratique, le
droit pour chaque citoyen, habitant de la cité, de l'arrondissement, du département, d'exprimer son vote
sans dérangements, avec toutes les garanties que peuvent offrir la liberté et l'égalité politiques.

Quelle organisation pourra-t-il résulter maintenant
de ces principes, en ce qui concerne l'administration de
ces diverses circonscriptions territoriales, leurs relations
réciproques, celles qu'il s'agit d'établir entre eux et le
pouvoir d'abord, et puis entre le pouvoir et eux ?

Avant toute réponse à cette question, faisons une
observation de la plus haute importance. Dans les plans
que nous croirons devoir présenter, craignons de nous
laisser trop entraîner par l'amour du nouveau. Détruire

tout ce qui est, sous prétexte d'en corriger les abus, ce serait manquer de sagesse. Savons-nous, dans ce cas, ce que nous ferions et où nous irions? Il siérait mal d'ailleurs au parti, qui, par la voie de la déconcentration, cherche à opposer une digue aux fauteurs de l'utopie, de tomber dans une erreur toute pareille. Nous recherchons, nous, les leçons de l'expérience et les enseignements de la tradition. Nous ne devons donc pas craindre de montrer un respect raisonnable pour le passé et pour ce qui en subsiste encore. De l'administration actuelle, conservons tout ce qui concorde avec les règles que nous avons exposées. De crainte même de changer trop et de trop détruire, abandonnons plutôt quelque chose de nos idées; ne touchons à la machine administrative que pour en accroître le mouvement en proportionnant les rouages à la véritable force motrice.

Cela dit, nous commençons.

Selon les partisans des libertés locales, l'organisation administrative doit se plier à certaines conditions, et son mécanisme doit répondre à des nécessités que tout ce qui précède a dû faire ressortir, et que d'ailleurs ce qui suit résumera brièvement.

L'initiative de toute mesure, doit partir d'un point de la circonférence, pour aller jusqu'au centre, solliciter une réponse. La réponse doit arriver, suivant la voie parcourue par la demande, apportant la décision et l'exécution. Il importe donc que ce centre ne soit point trop éloigné du lieu qu'il s'agit de régir. A cette condition seule, la solution possèdera deux qualités essentielles, la promptitude et la spécialité.

Nous reconnaîtrons toutefois volontiers que dans le but d'obtenir une réponse prompte et appropriée aux nécessités locales ou aux besoins du moment, il ne faut pas sacrifier tout intérêt plus général. Nous refuserons aux décisions de l'administration du groupe dont il s'agira de régler les intérêts, une autorité absolue. Toute mesure donc, délibérée dans la localité, sera de nouveau soumise à l'administration la plus rapprochée, à celle qui procède du groupe de population supérieur dans la hiérarchie territoriale, et qui par cela même, présentera le triple avantage de mieux connaître, de pouvoir répondre sans retard, et d'être affranchie, autant que cela est nécessaire, des préoccupations locales.

La nécessité de ce contrôle résulte de considérations d'une haute gravité. Les circonscriptions territoriales, les groupes de population qui s'y trouvent établis, sont des individualités, nous l'avons dit, mais des individualités d'un ordre tout particulier. Leur existence n'est point restreinte comme celle de l'homme ; elles n'ont d'autre terme, que celui que les révolutions de la nature ou les chutes des empires viennent y apporter. Pour la commune, l'arrondissement, le département, il y a des intérêts perpétuels qui ne sauraient être réglés à courte échéance, ni sacrifiés aux nécessités du moment. La population qui passe doit songer à la population qui va la suivre ; elle ne doit ni absorber complètement les ressources de l'avenir, ni hypothéquer pour de trop longues années les jouissances des générations futures. Ce sont là les raisons que met en avant la bureaucratie actuelle, quand elle veut justifier sa persistance à intervenir dans tous les intérêts administratifs du pays ; ce sont celles aussi qui nous incitent à proposer la mesure tutélaire d'un double contrôle dans l'examen de toute affaire locale. Cette mesure offrirait toutes les garanties conservatrices que peuvent exiger ceux qui redoutent l'affranchissement des intérêts locaux, sans avoir les inconvénients nombreux de l'organisation despotique qu'ils prétendent maintenir.

Enfin, comme il importe surtout d'enlever à nos adversaires ce prétexte, le seul qu'ils aient véritablement pour persister dans cette voie, nous proposerions ceci encore. Si les administrations superposées dont nous avons parlé, ne prenaient point sur la question qui leur est soumise une décision identique, l'affaire serait portée, dans ce cas, mais dans ce cas seulement, devant un troisième administrateur, juge souverain. Par là sans doute la décision subirait des délais ; mais n'est-il pas des retards nécessaires, des retards qu'il est impossible de supprimer ? La divergence d'ailleurs qui se serait manifestée entre les opinions exprimées, n'est-elle pas un signe évident que l'urgence de la solution n'est pas démontrée, que dans la circonstance il n'y a pas péril en la demeure ?

Maintenant examinons de quelle manière ces administrations indépendantes, mais superposées, pourraient se rattacher les unes aux autres, comment ces corps libres, mais ralliés entre eux, arriveraient à un ensemble harmonique et concourraient au but qu'un bon gouvernement doit se proposer : le bien-être de tous par l'amélioration progressive du sort de chacun.

Il serait nécessaire que, dans l'administration inférieure comme dans celle qui lui est immédiatement supérieure, il y eût un élément commun à toutes deux. Cet élément serait le lien et formerait le point de contact des différentes circonscriptions administratives. Ce serait par la voie de cet élément que la demande, partant de l'un des mille points de la circonférence, se transmettrait au centre ; ce serait par lui encore qu'arriverait la solution à toute difficulté soulevée. Ainsi, d'après ces principes, le président, l'agent exécutif d'une administration serait pris parmi les élus de la localité, et désigné par l'administration de la circonscription supérieure dans la hiérarchie territoriale.

Enfin, pour donner toute satisfaction aux justes susceptibilités de ceux qui redoutent les emportements possibles de l'esprit de localité, nous ne repousserions pas cette idée, à savoir, que, près des conseils d'arrondissement et de département, fût placé un commissaire délégué par le centre politique, par le pouvoir. Ce commissaire remplirait près des administrations une mission pareille à celle dont sont chargés, près des tribunaux, les membres du parquet. Il représenterait la pensée et l'initiative légitime de l'Etat. Dans les délibérations, il pourrait faire connaître son avis sur toutes les mesures administratives ; il ferait parler la voix de l'intérêt public et saurait, au besoin, mettre en évidence les considérations d'un ordre élevé et général, que parfois l'on pourrait craindre de voir s'effacer devant les idées et les vœux passionnés des localités.

CHAPITRE XV.

Esquisse d'un plan d'organisation administrative.

Essayons de préciser davantage, et, au besoin, prenons des exemples.

Nous supposerons qu'il s'agit d'un intérêt communal de la nature la plus grave; ce sont des constructions à opérer, c'est un échange, une aliénation à consentir.

Sur l'initiative du maire, élu de la commune et délégué de l'administration supérieure, le conseil municipal s'assemble et délibère ; il rejette ou adopte le projet et là s'arrête son rôle. Dans l'un comme dans l'autre cas, la délibération et le vote, avec toutes pièces à l'appui sont transmis au conseil administratif du degré supérieur, au conseil d'arrondissement. Là, de nouveau, les constructions, l'échange ou l'aliénation sont discutés et examinés. Quelle administration, si ce n'est ce conseil, pourrait le faire avec plus de facilité, avec une connaissance plus grande et plus éclairée des intérêts et des ressources de la localité? Qui, mieux que les élus de la circonscription, dont la commune est un des éléments, pourraient apprécier l'avantage ou les inconvénients de la mesure proposée ? Au surplus, l'organe de la pensée gouvernementale, le commissaire du pouvoir peut donner ses conclusions. Cela fait, si la décision du conseil d'arrondissement est conforme à celle prise par les administrateurs de la commune, tout est dit. Une solution émanant de deux corps délibérants, composés d'éléments pris sur les lieux qu'il s'agit de régir, placés à des degrés hiérarchiques différents et qui arrivent au même résultat, c'est là une juste satisfaction offerte aux besoins de la localité, et, en même temps une garantie suffisante contre l'exagération des influences de clocher.

Si, au contraire, la seconde solution diffère de l'opinion que le conseil municipal avait cru devoir adopter, eh bien! dans ce cas, le maire de la commune, le sous-préfet ou le préfet, le commissaire du gouvernement près le conseil d'arrondissement, peuvent saisir le conseil général et appeler l'attention des élus du département sur la difficulté. Puis, selon que ce conseil supérieur décidéra, l'avis de l'administration municipale ou de l'administration de l'arrondissement l'emportera, et sera suivi immédiatement d'exécution. Voilà pour les intérêts communaux.

La même marche serait à suivre en ce qui concerne les intérêts du canton, de l'arrondissement, du département ; le point de départ, seul, différerait.

Pour tout ce qui regarde l'arrondissement, par exemple, la création et l'entretien des chemins vicinaux, les chemins de grande communication, etc., l'initiative partirait du conseil de la circonscription. La seconde délibération serait portée devant le conseil général : en cas de dissidence entre ces deux corps, le comité administratif du conseil d'État aurait à décider.

Quant aux intérêts départementaux, tels que la création des grandes voies, l'établissement et l'entretien d'hospices publics pour les aliénés et les enfants trouvés, et même les impositions extraordinaires, etc., le conseil général prononcerait en premier ressort. Au comité administratif du conseil d'État, serait dévolu le second examen ; et enfin, au besoin, l'Assemblée des représentants des départements serait appelée, sur l'initiative des conseils généraux, à intervenir pour régler, sous forme de loi, les points au sujet desquels il aurait été rendu des décisions différentes.

Ainsi, l'administration départementale actuelle n'aurait, on le voit, à subir aucun changement dans ses divisions et ses subdivisions. La compétence seule des corps administratifs serait étendue, et par cela même l'importance des assemblées locales augmenterait à raison de tout le pouvoir nouveau qui leur serait accordé.

Et disons ici sur-le-champ, et en peu de mots, que les partisans des libertés municipales doivent se prononcer pour le maintien de l'arrondissement comme unité politique et administrative supérieure, de préférence au canton. Nos adversaires ne paraissent avoir pris sous leur patronage cette dernière circonscription que pour avoir un prétexte de repousser l'initiative communale. Trop rapproché de la commune, trop éloigné du centre départemental, le chef-lieu de canton, où même ni le juge de paix, ni le notaire ne sont obligés de résider, n'a qu'une importance de convention. Au reste, sur ce point, l'expérience a déjà prononcé. Créé

par la constitution du 22 frimaire an VIII, à peine
venait-il d'être organisé par le sénatus-consulte du 16
thermidor an X, que le canton cédait à l'arrondissement un rôle qu'il était impuissant à soutenir.

Nous n'avons pas besoin d'exposer que, dans l'hypo-
thèse qui nous occupe, et à raison même de l'étendue
de leurs attributions, les administrations locales devraient avoir des réunions plus fréquentes. Les conseils
municipaux ne seraient plus, comme par le passé,
astreints à demander l'autorisation de s'assembler ; une
session mensuelle de quelques jours suffirait certaine-
ment aux conseils d'arrondissement et de département.

En outre, comme ces corps délibérants peuvent être
assimilés à des juges disposés hiérarchiquement pour
prononcer sur le même objet, il est évident qu'il serait
nécessaire de déclarer l'incompatibilité entre les différentes fonctions administratives. On ne verrait plus,
comme aujourd'hui, le même citoyen réunir dans sa
personne à la qualité de conseiller municipal, celle de
conseiller d'arrondissement ou de conseiller général.

Ce qui précède concerne les conseils administratifs ;
hâtons-nous d'expliquer maintenant à quel point de vue
sont considérés par les partisans des libertés locales, les
agents de l'autorité, maires, sous-préfets et préfets.

Dans la personne de ces agents, selon nous, doivent
se confondre deux caractères distincts, celui de délégué
de la localité qu'ils sont appelés à régir, et celui de délégué de l'autorité supérieure, ayant, en cette dernière

qualité, mission de prendre toute mesure générale ou politique, laquelle n'aurait pas pour but immédiat l'intérêt purement local. Il importe donc que l'origine de ces agents soit marquée au coin d'un double cachet, et, dans ce but, voici ce qui a été proposé et ce que volontiers nous adopterions.

La même marche serait suivie de la base au sommet de la hiérarchie administrative. Ainsi les conseils municipaux, les conseils d'arrondissement, les conseils généraux présenteraient chacun trois candidats aux fonctions exécutives qui correspondent à leurs attributions spéciales, à celles de maire, de sous-préfet, de préfet. Cette désignation devra-t-elle s'exercer d'une manière limitative sur les membres du conseil? Pourra-t-elle avoir lieu sur des individus pris en dehors de ce corps? Le choix fait par les élus directs de la localité, ne suffira-t-il pas pour imprimer aux candidats indiqués le caractère de mandataires de la commune, de l'arrondissement, du département? — C'est une des mille questions de détail que le cadre restreint de cette étude nous oblige de laisser de côté et de ne point résoudre. Dans tous les cas, par ce choix, voilà le droit des localités bien constaté.

Il est temps maintenant que l'autorité centrale intervienne; au tour de l'État d'exercer sa suprématie, et voici de quelle façon. Le ministre choisira le préfet parmi les candidats qui lui seront présentés par le conseil général. Le préfet aura, parmi les élus des conseils d'arrondissement, à désigner ses sous-préfets. Ceux-ci enfin devront indiquer pour la magistrature communale un des noms pris dans les listes dressées par les conseils municipaux. Ainsi, en même temps que se constituera une administration qui, par son origine, se trouvera en harmonie complète avec la majorité des administrés, se nouera aussi la chaîne de l'autorité politique et générale, par le moyen de la consécration que le pouvoir donnera aux élus des localités.

On comprend qu'il nous est impossible, dans le cours de cette étude rapide, d'aborder toutes les questions importantes qu'un projet complet et détaillé sur la matière ne saurait en aucune façon laisser de côté. Si le temps et l'espace nous le permettaient, nous énumérerions les circonstances dans lesquelles les conseils auraient à retirer leurs mandats, comme aussi les cas dans lesquels les autorités supérieures pourraient ressaisir les pouvoirs qu'elles auraient délégués ; les mesures qu'il faudrait prendre alors qu'il surviendrait des vacances, des interdictions ou des révocations dans les fonctions administratives ; dans quelles formes et d'après quel mode il serait bon de pourvoir au remplacement des fonctionnaires interdits ou révoqués, etc. Il nous suffira de dire que ce plan d'organisation résume la plupart des projets conçus par les partisans des libertés locales, et qu'il semble réaliser la pensée de l'amendement présenté à l'Assemblée nationale, dans la séance du 18 octobre dernier, par notre honorable confrère, M. Béchard, et dont voici les termes :

« Gestion, par des administrateurs élus par les citoyens, des intérêts purement locaux ;

» Attribution aux agents du pouvoir exécutif de l'administration des intérêts généraux et du soin d'empêcher que les administrations locales n'empiètent sur la politique et l'administration générale. »

CHAPITRE XVI.

Résultats au point de vue matériel, moral et politique de la mise à exécution d'une organisation administrative basée sur ces principes.

Voilà donc l'esquisse d'un plan d'organisation administrative, tracé d'après les idées des partisans des libertés locales. Résumons maintenant en quelques mots les améliorations les plus évidentes qui, à divers points de vue, pourront en résulter.

Déjà, sous le rapport purement administratif et matériel, nous en avons signalé plusieurs. Ainsi, célérité aussi grande que possible, dans la marche et dans la solution des affaires; absence de pertes occasionnées par la lenteur avec laquelle l'administration actuelle fonctionne; appropriation des décisions aux nécessités du lieu auquel elles doivent spécialement s'appliquer.

Maintenant, nous ferons ressortir les avantages suivants :

Désormais les hautes administrations seraient affranchies des mille et un détails infimes, sans véritable portée, auxquels est aujourd'hui entièrement consacré un temps chèrement payé. Les ministères n'auraient plus besoin de cette immense population d'employés que ces centres administratifs enlèvent à la province, et qui, rémunérés à Paris avec l'impôt payé par les départements, n'apportent du profit qu'à la grande cité par l'argent qu'ils versent dans son commerce. Il n'en serait plus de même du jour où tous ces bras, toutes ces intelligences trouveraient de l'occupation dans les administrations partielles disséminées sur tous les points du pays. Enfin, les ministres, les hauts fonctionnaires, plus libres de corps et d'esprit, pourraient se livrer aux conceptions utiles, à la combinaison de plans avantageux à la France, propres à accroître sa prospérité, à relever son éclat.

Le côté moral et intellectuel de la société, trouvera, lui aussi, à gagner à la réforme proposée.

Voilà au sein de chaque commune, de chaque arrondissement, de chaque département, une carrière digne, honorable et honorée, ouverte aux intelligences de la localité. Les fonctions municipales et administratives sont étendues, sont rehaussées. La rémunération des services aujourd'hui encore concentrée au sein de la capitale, se subdivise et vient alimenter sur chaque point du pays le travail intellectuel; toute sage ambition peut se satisfaire. Vous voulez administrer, gouverner? — A l'œuvre! travaillez, étudiez; par votre instruction, votre conduite publique, votre moralité privée, rendez-vous digne d'estime, digne des suffrages; vous êtes sous les yeux de vos concitoyens; ils sont juges du concours. Il y a là, en même temps, un hommage rendu à la dignité humaine. En ouvrant à deux battants la salle électorale, on ferme les antichambres. C'est une tentative de moralisation que « de restreindre » dans de justes limites le nombre des emplois qui » dépendent du pouvoir, et qui souvent font d'un peuple » libre, un peuple de solliciteurs. » (1)

Mais les circonstances critiques où se trouve le pays, nous font apprécier par-dessus tout, nous l'avouons, le résultat que nous atteindrions au point de vue politique : l'intérêt le plus pressant de la question est là. Et si vous en doutez, écoutez donc, à l'heure où nous écrivons ces lignes, les menaces et les cris plus furibonds que jamais d'un parti abhorré : l'insurrection, toujours l'insurrection !

Hâtons-nous de nous mettre en défense ; en organisant la vraie centralisation, nous organiserons la résistance.

Cela fait, eh bien ! si jamais il arrivait encore, ce qu'à Dieu ne plaise, que le pouvoir succombât à Paris, devant cette tourbe dont la capitale est le repaire, ce serait sans doute un immense, un épouvantable malheur, puisque le premier, le principal anneau de la chaîne sociale serait arraché. Mais enfin, tout ne serait pas perdu et la trame gouvernementale ne serait pas, comme en juillet 1830, comme en février 1848, complètement brisée. Toutes les administrations locales seraient encore debout, fortes, puissantes, inébranlables dans leur

(1) Manifeste électoral de Louis Bonaparte.

principe même : le suffrage de la majorité. Le département se régirait et vivrait de sa vie propre, indépendante, jusqu'au jour où la souveraineté nationale, se manifestant par le vote de chaque citoyen, exprimé au siége de la commune, aurait pu reconstituer la grande et impérissable unité française.

CHAPITRE XVII.

Qu'avant tout il est urgent d'affranchir l'enseignement public et d'y appliquer les principes de la décentralisation ; esquisse d'un plan d'organisation de cet enseignement.

Mais, proclamons-le bien haut, tous les projets, quels qu'ils soient, dirigés contre la centralisation abusive et en faveur de la vraie et bonne centralisation ne sont que des palliatifs du mal qui nous dévore. Par eux nous comprimons, nous ne détruisons pas le danger. Ce sont des moyens bons pour l'instant, qui ne suffisent pas pour l'avenir.

Le désordre matériel et politique a sa source dans le désordre des intelligences et des cœurs. C'est là, dans sa cause même, qu'il s'agit de le combattre ; la liberté elle-même nous fournira des armes.

Affranchissons des liens que lui impose le système de concentration, l'enseignement public ; proclamons-en l'indépendance ; donnons le droit à tout dogme réparateur, à toute doctrine conservatrice de se produire librement.

Or, qu'on nous permette de le rappeler, aujourd'hui, il n'en est point ainsi. Monopolisé en vertu de la loi, par un corps central, lequel étant chargé d'instruire à la fois et en même temps des israélites, des protestants, des catholiques, et ceux qui ne professent aucune de ces croyances, l'enseignement public ne *peut*, ne *doit* être qu'une abstraction quelconque, purement philosophique, placée en dehors des dogmes spéciaux aux révélations israélites et chrétiennes.

Ce n'est point que nous prétendions, ainsi qu'ont osé le faire des hommes bien intentionnés, mais que la passion a jetés évidemment en dehors de la vérité, que les erreurs qui affligent et qui bouleversent aujourd'hui la société soient le résultat de cet enseignement. Nous dirons seulement que pour les jeunes intelligences qui le reçoivent, il est devenu un préservatif insuffisant ; qu'il ne les place pas sur un terrain inaccessible aux sophismes insidieux dont elles auront à subir l'assaut, dès leur entrée dans le monde.

Nous affirmons en outre, et nous ne craignons pas d'être démenti sur ce point, que l'enseignement basé sur les dogmes des révélations israélites et chrétiennes, peut seul donner aux esprits la force et les armes nécessaires pour repousser et combattre les idées communistes. La raison en est bien simple et se présente d'elle-même.

Selon le socialisme, et c'est ici un résumé complet de la doctrine, la douleur, la pauvreté, la faiblesse, le mal en un mot, n'existent en ce monde que parce que l'organisation actuelle de la société par la famille et la propriété privée met obstacle au développement passionnel de l'individu, à la satisfaction entière et complète de ses désirs, de ses besoins quels qu'ils soient. Or, qu'on lui permette de bouleverser cette organisation, et la souffrance, la misère disparaissent aussi : l'homme est forcément heureux.

Aux yeux des croyants, au contraire, le mal existe dans le monde, parce qu'il est inhérent à chacun des membres de la société ; il est la punition d'une chute individuelle dont rien ne peut relever l'homme en cette vie. Donc, si tous souffrent ici-bas, c'est que tous doivent souffrir, grands et petits, faibles et puissants ; toute modification apportée aux bases même de la société, à la famille, à la propriété, serait inutile, et loin d'être une amélioration, ne ferait qu'accroître la somme des maux. Le bonheur est ailleurs ; c'est par la patience et la résignation qu'on y tend ; la souffrance et le travail en sont la voie.

C'est donc par la propagation, la diffusion de ces doctrines si opposées à celles du socialisme, par l'enseignement basé sur les dogmes d'où elles découlent, que vous parviendrez à combattre avec avantage, à neutraliser, à détruire les idées monstrueuses qui menacent le pays ; et c'est en affranchissant cet enseignement de tout obstacle, c'est en le rendant libre, que vous le propagerez.

Mais si nous réclamons la liberté, qu'on sache toutefois que nous ne demandons point la licence ; les doctrines anti-sociales ont trop de fois prouvé qu'elles étaient toujours prêtes à abuser de la carrière ouverte aux idées pacifiques et réparatrices. Le pouvoir est un sacerdoce; il a charge d'âmes. Par cela qu'il est responsable de la tranquillité matérielle, il doit à ses administrés, il doit à lui-même d'assurer l'ordre intellectuel et moral. Donc, tout en abolissant le monopole de l'enseignement pour en proclamer la liberté, l'État a le droit et le devoir de poser des règles, et de prendre à cet égard des mesures préventives et répressives. Voici en abrégé l'un des projets qui ont été proposés sur ce point.

Celui qui voudra enseigner devra, au préalable, prouver deux choses : d'abord, que sa moralité personnelle garantit l'innocuité de ses doctrines; puis, que sa capacité est développée en proportion et dans le sens de la science qu'il se propose d'enseigner.

Comme cette preuve importe tout à la fois et à la société, et à la famille, à chacun et à tous, nous voudrions qu'elle fût faite devant un jury, dans la composition duquel il serait tenu compte de ce double intérêt, et où, par conséquent, il entrerait un double élément. Ainsi, à l'époque des élections pour les membres du conseil d'arrondissement, seraient en même temps choisis par le suffrage universel, trois citoyens qui, au sein du jury de l'instruction publique, auraient mission de représenter les droits et les intérêts des pères de famille. D'un autre côté, l'autorité y aurait pour délégué le préfet ou le sous-préfet, le président du tribunal civil, le chef du parquet, le maire de la commune où serait situé le domicile de l'instituteur. Ce jury, véritable conseil de discipline, ne serait pas seulement chargé d'instituer, mais encore de surveiller le corps enseignant de l'arrondissement. Les décisions qu'il prendrait pourraient être déférées soit à la cour d'appel, soit au tribunal le plus voisin, celui du chef-lieu, par exemple, jugeant en chambre du conseil, comme il est d'usage en matière disciplinaire.

Lorsqu'un individu demanderait à enseigner, le jury pourrait apprécier sa moralité par une enquête à laquelle il aurait le droit de se livrer. Quant à la capacité, elle serait présumée exister par cela seul que l'impétrant représenterait un diplôme constatant l'obtention d'un grade en rapport avec la nature de l'enseignement auquel il désire se livrer.

Ce diplôme ne devrait plus être accordé, ainsi que cela arrive aujourd'hui, par des fonctionnaires appartenant au corps auquel est dévolu le monopole. Nous verrions volontiers les examens pour l'obtention des grades, soumis à des règles semblables à celles qui régissent les examens pour l'admission à l'école polytechnique. En usant de ce moyen, on épargnerait aux candidats des déplacements souvent inopportuns, toujours onéreux. En conséquence, le ministre ou les membres de l'Institut de France délégueraient un certain nombre d'examinateurs chargés de se rendre, deux à deux, au chef-lieu de chaque département. Là, en outre, aurait été dressée, par les soins du préfet, une liste des notables lettrés, habitant le pays, parmi lesquels seraient choisis d'autres examinateurs qui auraient à se joindre aux deux premiers. Ainsi seraient compensés l'un par l'autre l'esprit de localité parfois trop partial, l'esprit métropolitain quelquefois inattentif.

En résumant aussi brièvement que nous venons de le faire, la question de décentralisation de l'enseignement, nous n'avons pensé qu'à hâter la conclusion de cette étude, et non à l'importance extrême du sujet. — Et d'ailleurs, à quoi bon insister, tous aujourd'hui sentent et comprennent cette importance; les derniers événements ont dessillé bien des yeux, éteint bien des défiances. Des hommes considérables, naguères les plus égarés, maintenant des mieux revenus, M. Thiers dans son *Traité de la propriété*, M. Guizot dans son livre de la *Démocratie*, le disent et le proclament hautement : le libre enseignement, et par lui, l'enseignement religieux, l'enseignement des idées aimées de la famille, voilà aujourd'hui notre rempart, notre ressource, notre salut !

Eh, mon Dieu ! disons-le, cette vérité était au fond des cœurs, elle était déjà presque reconnue et admise. Un peu d'orgueil seulement, un nuage de vanité la recouvrait et l'empêchait de paraître et de briller aux regards. Pour la dégager, il ne fallait qu'une secousse, et cette secousse, nous venons de l'avoir.

L'histoire ancienne rapporte que sur le nom de

l'homme de génie qui construisit le phare de Paros, un tyran obscur et jaloux fit jeter une couche de gypse et y grava à sa propre louange une pompeuse inscription. Il croyait ainsi cacher aux générations futures le vrai nom auquel devait revenir la gloire, et y substituer le sien à tout jamais. Mais vinrent l'hiver, les brumes et les tempêtes. Au printemps suivant, le gypse et l'inscription avaient disparu, emportés par l'orage ; seul, le nom du sublime architecte ressortait inaltéré sur le marbre impérissable.

CONCLUSION.

Nous voici arrivé au terme de cette longue étude, heureux si nous sommes parvenus à démontrer à ceux de nos concitoyens qui en doutaient encore que, dans l'établissement de la vraie centralisation, se trouve notre salut présent et notre salut à venir. Il importe donc que tous les hommes divisés naguères, qui aujourd'hui composent le grand parti modéré, se réunissent sur ce terrain commun, et qu'ils prennent pour but de leurs vœux les plus ardents et de leurs constants efforts, l'abolition de la centralisation abusive, du système de concentration administrative et politique.

FIN.